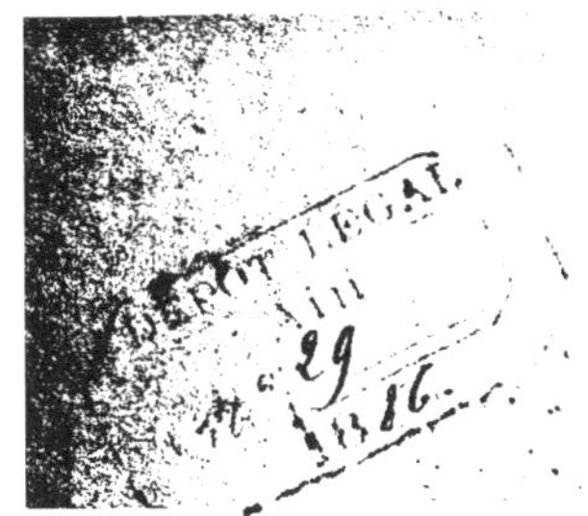

NOTICE

SUR

L'ABBÉ JEAN-BAPTISTE BOTTEX

NOTICE

SUR

L'ABBÉ JEAN-BAPTISTE BOTTEX

1749 - 1792

HOMMAGE

RENDU A LA MÉMOIRE D'UN MARTYR DE LA FOI CHRÉTIENNE

BOURG
IMPRIMERIE J.-M. VILLEFRANCHE

1886

Ce serait désobéir à Dieu et manquer aux devoirs de la piété filiale que de laisser perdre, dans une famille, le souvenir des ancêtres remarquables par leurs talents ou leurs vertus. Un pays serait justement accusé d'ingratitude, s'il n'avait que de l'indifférence pour les travaux et le dévouement de ceux qui ont été à sa tête, ou qu'il compte parmi ses enfants illustres, au lieu de s'en faire un titre de gloire. Saint Paul nous dit : « Souvenez-vous « de ceux qui ont été à votre tête, qui vous ont annoncé « la parole de Dieu, et, considérant quelle a été la fin « de leur vie, imitez leur foi. »

Les vertus qu'ils ont pratiquées, la gloire qu'ils se sont acquise, forment une sorte de patrimoine moral, dont une famille est honorée, dont un pays est justement fier. C'est là un sentiment gravé au plus profond de notre cœur. Jamais une famille, jamais un pays n'a consenti à perdre, avec celui qui le lui a procuré, l'honneur qui lui revient de ses belles actions. En effet, la gloire des pères fait celle des enfants.

Il y a quelques années, sur la montagne de la Salette, des personnes venues du Comtat-Venaissin, parlaient avec une complaisance marquée de leur famille. Cette famille avait eu de l'importance dans la ville de Gênes, et avait donné plusieurs doges à la République. Cependant, ce n'est point de ceux-là qu'elles aimaient à rappeler les noms. Elles trouvaient plus glorieux pour elles les liens de parenté qui les rattachaient à Jean-Augustin Adorno, mort en odeur de sainteté, il y a bientôt trois cents ans. C'est que la vertu a un charme si grand, que partout où elle se trouve, elle commande le respect et attire à elle.

Le nom de Jean-Baptiste Bottex doit être répété avec une égale complaisance par la famille Bottex, à laquelle il appartient par sa naissance et par la paroisse de Neuville-sur-Ain, dont il a été l'enfant et le pasteur. Neuville n'a point encore trouvé dans la succession de ses Curés un nom qui lui soit plus cher, ni plus honorable; et la famille Bottex oubliera facilement la longue série de notaires qu'elle a produits, depuis le quinzième siècle, devant la noble et sainte figure de ce grand-oncle, martyr de la foi chrétienne et de la sainteté du serment.

En recueillant, pour le consigner dans ces quelques pages, tout ce que la tradition locale et les historiens de l'époque, ont pu nous apprendre sur M. Jean-Baptiste Bottex, notre intention est d'honorer ce digne confesseur de la foi ; et, autant qu'il dépendra de nous, de le sauver de l'oubli ; c'est ensuite d'être agréable à la paroisse de Neuville-sur-Ain et à la famille Bottex. Ajoutons encore que la fermeté de caractère, la fidélité à la religion qu'il poussa jusqu'à l'héroïsme, pourront servir de modèle à la génération présente, et ranimer son courage au milieu des luttes que nous avons à soutenir. L'injustice ne peut pas durer toujours; et, après les quatre-vingt-douze ans qui se sont écoulés, qui d'entre nous ne préfèrerait pas avoir été le compagnon de captivité et de supplice de M. Bottex, plutôt que l'assesseur de Robespiere, Danton, Marat et autres qui l'ont condamné.

I

Jean-Baptiste Bottex naquit à Neuville-sur-Ain, paroisse du bailliage de Bourg-en-Bresse, diocèse de Belley; laquelle à cette époque comme toute la Bresse, faisait partie du diocèse de Lyon.

Son père, Mamert Bottex, exerçait, dans son pays natal, les fonctions de notaire royal. Issu d'une honnête famille, il épousa demoiselle Anne Montagnat, qui appartenait à une famille bourgeoise du Bugey.

Dieu, bénissant cette union, lui accorda successivement six enfants :

Jean-Baptiste, né le 26 décembre 1749.

Jeanne-Madeleine, née le 14 janvier 1751.

Claude-Louis, né le 23 mai 1753.

Etienne, né le 17 juillet 1754. Celui-ci succéda à son père, dans ses fonctions de notaire.

François, né le 20 février 1757.

Joseph, né le 5 août 1761.

L'enfant premier né, destiné par la Providence à être une des gloires du sacerdoce, fut baptisé dans l'église paroissiale de Neuville-sur-Ain , le surlendemain de sa naissance, ainsi que le constatent les archives existant encore à la mairie de cette commune. Nous y lisons :

« L'an mil sept cent quarante-neuf et le vingt-six dé-
« cembre est né, et le vingt-huit du même mois, a été
« baptisé : Jean-Baptiste, fils de Mamert Bottex, notaire
« royal, et de demoiselle Anne Montagnat, domiciliés à
« Neuville-sur-Ain. Duquel a été parrain Jean-Baptiste
« Montagnat, aïeul du dit enfant, bourgeois d'Ambérieu-

« en-Bugey; et marraine, demoiselle Claudine Bottex, « tante du dit enfant, qui ont signé. »

Signé : Montagnat, Bottex, Montagnat, élu [1], Décroso, Montagnat, Bataillard, Vicaire, curé.

Montrant, dès sa plus tendre jeunesse, de grandes dispositions pour l'étude, Jean-Baptiste Bottex fut envoyé, par son père, au séminaire de Saint-Irénée, à Lyon. C'est là qu'il fit ses premiers pas dans la science. Il se fit dès lors remarquer par sa piété et sa vocation à l'état ecclésiastique, car, nous dit un de ses biographes [2], elle fut chez lui aussi précoce que le développement de son esprit.

Il ne nous a pas été possible de retrouver la date précise de sa première communion ; mais tout porte à croire, que ce grand acte de la vie chrétienne fut accompli par lui avec la plus grande ferveur.

Continuant le cours de ses études, Jean-Baptiste Bottex fut bientôt un des élèves les plus distingués du séminaire de Saint-Irénée, qui jouissait déjà à cette époque d'une haute réputation de science. Ses succès y furent si brillants, qu'en 1773, il fut nommé professeur de logique, dans ce séminaire même, bien qu'il n'eût pas terminé son cours de théologie.

Il est à présumer que c'est vers cette époque qu'il fut élevé au sacerdoce; nous pouvons le supposer, sans cependant en avoir la certitude; car, là encore, malgré les plus grandes recherches, nous n'avons pu, à notre grand regret, découvrir les dates précises de ses ordinations.

Ses goûts particuliers le portaient de préférence vers le ministère paroissial; il demanda et obtint de ses supérieurs de renoncer à l'enseignement. Il fut alors nommé vicaire à Saint-Jean-le-Vieux (Ain). Il n'y resta que fort

---

[1] Elu, élection, sorte de magistrature, pour la répartition des tailles, et le jugement des contestations qu'elles occasionnaient.

[2] Monseigneur Dépery.

peu de temps, car, dès le mois d'octobre 1775, nous le voyons, contrairement à tous les usages généralement admis, nommé curé de sa paroisse natale, ainsi que le constatent des actes dressés par lui.

Dans ce nouveau poste, il put facilement donner un libre essor au zèle qui le dévorait pour le salut des âmes. Aussi ses paroissiens, qui saluaient en lui un enfant de leur pays, s'empressèrent-ils de rendre justice à son mérite. Chacun l'admirait, le respectait, nous dit un de ses historiens [1]. Un autre, non moins admirateur de sa piété que de sa haute science, nous a laissé de lui le portrait suivant :

« L'abbé Bottex, qui fut un des cinq députés de l'ordre du Clergé, aux Etats Généraux, pour le département de l'Ain, était un ecclésiastique irréprochable dans ses mœurs ; très instruit, profond théologien, et parfait honnête homme [2]. Né avec un tempérament sanguin, il avait de la peine à modérer l'expression de ses sentiments ; et lorsqu'il prenait la parole, on voyait se peindre en lui, tous les mouvements de son âme [3]. »

---

[1] Monseigneur Dépery.

[2] Nous avons eu sous les yeux un acte notarié, le contrat de mariage de son frère Etienne. Il date du 17 mai 1783 ; l'abbé Bottex y est désigné à cette époque comme étant curé de Neuville-sur-Ain et docteur en théologie.

[3] M. Philibert Le Duc : *Histoire de la Révolution dans l'Ain.*

II

Mais, hélas! la Révolution arrivait à grands pas, le curé Bottex devait bientôt quitter son cher troupeau. Il se rendit à Paris, où de nouveaux devoirs l'appelaient. L'Assemblée du clergé du bailliage de Bourg-en-Bresse venait de le nommer, à la presque unanimité, député aux Etats Généraux qui furent convoqués le 5 mai 1789.

Outre M. le Curé de Neuville-sur-Ain, le clergé du département de l'Ain désigna, par ses suffrages, quatre autres prêtres chargés de le représenter dans cette Assemblée.

Ce sont MM. :

Guerdan, curé de Saint-Trivier;

Lousmeau-Dupont, curé de St-Didier-sur-Chalaronne;

Royer, curé de Chavannes-sur-Suran, près Bourg;

Favre, curé d'Hotonnes.

Ce dernier fut le seul des cinq qui, en novembre 1790, prêta serment à la Constitution civile du Clergé.

Pour nous rendre un compte plus exact de ce que le Clergé de notre patrie eut à souffrir à cette triste époque, nous suivrons pour ainsi dire pas à pas M. Barruel dans son ouvrage intitulé : *Histoire du Clergé pendant la Révolution française*, et plus d'une fois notre cœur, s'élevant vers le ciel, lui adressera une fervente prière.

« O Sainte Eglise du Christ, si pure, si belle dans tes « enseignements, dans ta doctrine, tu seras toujours « inébranlable, malgré les persécutions qui pourront « t'assaillir de toutes parts ; parce que tu es la seule vraie. « Seule tu as été fondée par Jésus-Christ lui-même, lors-

« que s'adressant au Chef de ses Apôtres, il lui dit : Tu es « Pierre, et sur cette pierre je bâtirai mon Eglise, et les « portes de l'enfer ne prévaudront jamais contre elle. Je « te respecte, je te vénère; je demande au Seigneur de « te rester humblement fidèle, jusqu'à la fin de mes « jours. »

Dès les commencements, dit l'abbé Barruel, les révolutionnaires cherchèrent à détruire la hiérarchie ecclésiastique. C'était pour eux l'affaire importante. Ils comprenaient parfaitement que l'épiscopat, privé du généreux concours de ses prêtres, en serait réduit à bien peu de moyens d'action. Faisant en même temps circuler de nombreuses brochures, ils attaquèrent les princes de l'Eglise d'une façon fort habile; ne négligeant rien pour entrainer le Clergé paroissial dans leur parti, et l'influencer de façon à empêcher l'élection aux Etats Généraux des Archevêques et des Evèques.

Le 10 octobre 1789, M. de Talleyrand eut l'audace, l'impiété, devrions-nous dire, de déclarer en pleine Assemblée Constituante, qu'usant de son droit, elle pouvait s'emparer des biens du Clergé. Nous le voyons, la révolution allait croissant. Le temps approchait, où les ministres du Seigneur ne pouvaient plus se montrer en public, sans être exposés à recevoir les plus grossières injures. Ce qui n'était encore que le prélude des emprisonnements, de la déportation, des massacres, dont ils devaient être les trop nombreuses victimes. Dès le 20 octobre, on afficha au Palais-Royal une liste des membres des assemblées, qui avaient parlé en faveur du Clergé, ou pour soutenir les droits de l'Eglise, en promettant douze cents livres à tout patriote qui les tuerait.

Peu après, l'Assemblée revenant sur la proposition de M. de Talleyrand, décréta : « Que les biens du Clergé sont la propriété de la nation. » Changés en assignats, ils devinrent aussitôt un infâme trafic pour toutes les banques. Les temples saints eux-mêmes furent vendus et convertis en salles de théâtre, en étables, ou toute autre destination sacrilège.

L'Eglise de France possédait de nombreux monastères, donnant au monde pervers et corrompu d'admirables exemples de détachement des richesses, de renoncement aux plaisirs profanes, d'abnégation de soi-même. Cela était plus que suffisant pour attirer les convoitises et la haine des gouvernants qui, dans leur coupable délire, pensaient pouvoir anéantir la Religion elle-même. Aussi l'Assemblée ne tarda-t-elle pas à déclarer comme article constitutionnel, que : « La loi ne reconnaissait plus les « vœux monastiques ; que les Congrégations et les ordres « réguliers, où il se faisait de pareils vœux, étaient et « demeuraient supprimés en France, sans qu'il pût en « être établi de semblables ; que tous les individus de « l'un et de l'autre sexe pourraient en sortir. [1] »

Hélas ! humainement parlant, pouvaient-ils y vivre, lorsque, par des décrets successifs, on les avait dépouillés de tout ?

Le 29 mai 1790, l'Assemblée Constituante, poursuivant son œuvre persécutrice, commença la discussion de cette fameuse Constitution civile du Clergé, qui fut la première cause d'une scission dans l'Eglise française et de la persécution d'une partie de ses membres. L'Etat était obligé de nourrir le clergé qu'il avait dépouillé de ses biens. L'Assemblée considéra dès lors les ministres du culte comme des fonctionnaires ; elle se crut le droit d'assimiler le service des autels aux services publics. En conséquence, elle supprima quatre-vingt-six Evêchés, n'en laissant que quatre-vingt-trois, un par département, groupés autour de dix métropoles ; fit élire les Evêques

---

[1] M. Barruel : *Histoire du Clergé pendant la Révolution française.*

et les Curés par le peuple, fixa leur traitement, leur interdit de s'absenter plus de dix jours sans la permission du Directoire.

Tout cela était contraire au Concordat de 1516, conclu avec la cour de Rome, et rien de contraire au Concordat ne pouvait s'opérer sans l'approbation du Pape. Les Prêtres non institués, d'après les lois canoniques, mais élus par le peuple, étaient donc sans juridiction, et n'avaient pas le pouvoir d'exercer les fonctions ecclésiastiques [1].

Malgré les magnifiques traitements offerts par l'Assemblée, la grande majorité des Prêtres et presque tous les Evêques, repoussèrent la Constitution civile du Clergé, qui les détachait du centre de la catholicité, et leur ôtait, par là même, leur indépendance et leur force morale. Ils formulèrent leur refus, en termes à la fois fermes et élevés; pouvait-on attendre moins de véritables ministres du Seigneur? Voici, en quelques mots le sens de ce qu'ils alléguèrent :

La suprême puissance de l'Eglise se trouve dans les Evêques réunis au Souverain Pontife. C'est à eux qu'il a été donné de gouverner l'Eglise ; mais ils ne sauraient se séparer du Pasteur suprême. A nous Prêtres et aux fidèles de se soumettre, en tout temps et en toute circonstance, aux décisions de l'Eglise, telle que son Divin Fondateur l'a constituée.

Tous les Evêques, moins cinq, protestèrent contre la loi schismatique votée par l'Assemblée nationale, le 12 juillet 1790.

Pie VI occupait alors le siège de saint Pierre. Ne pouvant approuver cette loi impie, il en écrivit au Roi, le prévenant de l'état déplorable où la sanction de pareils décrets jetterait l'Eglise de France. Mais Louis XVI,

---

[1] M. Philibert Le Duc, dans son ouvrage déjà cité.

effrayé par les menaces de l'émeute toujours croissante, entouré de révolutionnaires qui ne cessaient de l'obséder et qui l'avaient en quelque sorte rendu prisonnier jusque dans son propre palais, finit par donner sa sanction à ces décrets. Nous sommes convaincus que cet acte de faiblesse, qui date du 24 août 1790, n'aurait jamais eu lieu si Louis XVI avait eu sa liberté d'action. Enfant dévoué de la Sainte Eglise, jamais il n'aurait consenti à ouvrir, par une adhésion coupable, cette ère de persécution sanglante, où périrent tant de généreux martyrs.

A partir de ce moment, la persécution sembla ne garder plus aucune retenue ; en maints endroits, les temples du Seigneur furent profanés. A Soissons, par exemple, les infamies les plus grandes se produisirent ; les révolutionnaires poussaient l'impiété jusqu'à apposer les scellés sur les portes de l'église et sur le tabernacle du maître-autel.

La majorité de l'Assemblée nationale ne tendait qu'à un seul but, déchristianiser la France ; aussi le 27 novembre 1790, elle rendit un décret par lequel elle exigeait des Prêtres le fameux serment connu dans l'histoire, sous le nom de serment à la Constitution civile du Clergé. En voici le texte :

Je jure de maintenir de tout mon pouvoir la Constitution française; et, notamment, les décrets relatifs à la Constitution civile du Clergé.

Il fut en outre décrété que les Evêques, les Prêtres et autres fonctionnaires publics ecclésiastiques qui, dans le délai de huit jours, n'auraient pas prêté le serment demandé, seraient réputés avoir renoncé à leurs fonctions.

Les décrets succédant aux décrets, les ordonnances aux ordonnances, il fut décidé que les prêtres députés devaient donner l'exemple, qu'il en serait fait un appel nominal et que chacun d'eux serait individuellement sommé de prêter le serment à la tribune, en face du Corps législatif.

Monsieur l'Abbé Barruel nous a conservé le texte même, dans lequel ces nouveaux confesseurs de la foi refusèrent de prêter ce serment impie. Témoins : — Monseigneur Beaupoil de Saint-Aulaire, évêque de Poitiers : « Messieurs, dit-il, j'ai soixante-dix ans, j'en ai trente-« trois d'épiscopat ; je ne souillerai pas mes cheveux « blancs par le serment de vos décrets. Je ne jurerai « pas. » Presque tout le Clergé se lève, applaudit, et annonce qu'il est dans la même disposition. — Monsieur Le Clerc, prêtre du diocèse de Séez, s'exprima en ces termes : « Je suis Catholique, Apostolique et Romain ; je veux « mourir dans cette foi, je ne le pourrais pas, si je prê-« tais vos serments, je ne jurerai pas. »

Monsieur Bottex, nous n'avons pas besoin de le dire, s'associa avec énergie à ces déclarations. De ses collègues ecclésiastiques du département de l'Ain, trois l'imitèrent, un seul céda.

Des protestations aussi énergiques de la part du Clergé ne pouvaient manquer d'exciter, au dernier point, la colère de ses persécuteurs. Les cris de : A la lanterne! retentirent sur les bancs de la gauche de l'Assemblée. Séance tenante, les députés extrêmes demandent que l'appel nominal soit supprimé. Le Président, cédant sans peine à cette nouvelle exigence, déclare que, puisque l'Assemblée le désire, il annonce : « Que les Prêtres qui « n'ont pas prêté serment se lèvent, et s'avancent pour « le prêter. » Pas un seul ne se lève, pas un seul ne s'avance. Quelle protestation muette, mais sublime! Pour la partie adverse, dans la stupeur et dans la honte, elle attend le succès d'un autre décret.

III

Cependant, des Prêtres députés se voyaient obsédés, les uns, par les sollicitations de leurs familles qui, abusées par une fausse tendresse, voulaient à tout prix les sauver; quelques-uns, effrayés par les mesures toujours de plus en plus arbitraires du gouvernement, prêtèrent serment à la Constitution civile du Clergé. D'autres, insuffisamment éclairés, purent être excusables, car la plupart d'entre eux abjurèrent plus tard entre les mains du Souverain Pontife, qui, par des motifs qu'il ne nous appartient pas d'approfondir, ne dévoila jamais le secret dont était entourée cette rétractation.

A partir de ce moment-là, les Prêtres furent divisés en Insermentés ou Réfractaires et Assermentés ou Intrus.

Notre héros considérait le serment comme une véritable impiété. De ce moment, il dut renoncer à l'espoir de retourner dans sa chère paroisse de Neuville-sur-Ain. C'était pour lui la cause d'une profonde douleur. Cependant, bien des cœurs l'y aimaient, l'appelaient vainement de leurs vœux et de leurs prières : ses frères, qui n'avaient point quitté le toit paternel, ses nombreux parents, ses paroissiens qui l'avaient vu naître, l'avaient vu grandir, et auxquels il envoyait les livres les plus propres à les maintenir dans l'esprit de foi et qu'il leur faisait distribuer à ses frais.

Peut-être même qu'avant son départ pour Paris, il eut comme le pressentiment qu'il ne reviendrait pas au milieu des siens; car un de ses paroissiens, que nous avons pu connaître, se plaisait à répéter que le dimanche qui précéda son départ pour la capitale, la phrase suivante s'échappa, pour ainsi dire malgré lui, de ses lèvres du haut de la chaire : « Adieu, mes amis, je pars pour « Paris, je vais voir le Roi, vous reverrai-je ? » Quelle touchante simplicité dans ces quelques paroles, qui sont comme un dernier adieu à ses paroissiens qu'il ne devait plus revoir !

Revenant sur le passé, nous nous permettrons de citer en entier et textuellement un passage qui a trait à ce qui se passa avant le décret du 27 novembre 1790. Il nous montre ce qu'était ce saint abbé Bottex, qui mérita de verser son sang pour la foi.

« J'avais, dit M. l'abbé Barruel, j'avais l'honneur de connaître particulièrement l'abbé Bottex, prêtre du diocèse de Lyon. Un novice, dans toute sa ferveur, n'a pas la conscience plus timorée que cet excellent prêtre. Les prêtres, les plus versés dans l'art d'approfondir une question, n'apportent pas à la discussion une logique plus exacte, une métaphysique plus profonde, et surtout un désir plus sincère de tout sacrifier à la vérité. On admirait encore plus cette modestie qui semblait tout prendre des lumières des autres, quand elle prenait elle-même tout des siennes. Il était député à la première Assemblée. Je l'ai vu, bien des fois, flottant péniblement entre le désir de retourner auprès de ses chers paroissiens et l'obligation où il se croyait de rester dans cette Assemblée, pour ne pas priver d'un suffrage la cause de la Religion et de la Monarchie. Les honoraires qu'il recevait comme député ne lui paraissant pas légitimement acquis dans leur entier, il en distribuait la plus grande partie aux pauvres. La maison qu'il avait choisie pour sa demeure indiquait bien ses inclinations apostoliques : il habitait au Séminaire des Missions étrangères [1]. »

[1] M. Barruel : *Histoire du Clergé pendant la Révolution française.*

Avant 1793 et la spoliation de ses biens, le Séminaire des Missions étrangères possédait un grand hôtel uniquement affecté aux membres du haut clergé de France, de passage à Paris, et principalement des Evêques et des députés pour affaires à la Cour.

C'est dans ce pieux asile que l'abbé Bottex, partageant son temps entre la prière, l'étude et les saints exercices de son ministère, passa les dernières années de son existence. Le temps de son pèlerinage sur la terre devait bientôt se terminer par le sacrifice de sa vie.

Mais n'anticipons pas sur les évènements.

On ne peut se faire une juste idée de ce que ces malheureux prêtres essuyèrent de persécutions de tout genre, dans le temps qui suivit la promulgation du décret du 27 novembre 1790, auquel l'immense majorité du clergé refusa de se soumettre. Ils étaient traqués et poursuivis partout, par la lie de la population à laquelle les commissaires, bien loin de chercher à la contenir, étaient obligés de prêter main forte. Monsieur de Pansemon, curé de Saint-Sulpice à Paris, par exemple, échappa avec peine à la mort; jusque dans son église, il fut poursuivi par les piques et les sabres; l'affreux cri de : A la lanterne, ne cessait de retentir sous les voûtes du sanctuaire.

On cite des paroisses où le peuple, le vrai peuple, donna un grand exemple de foi. A Keinfuten, Monsieur Valette, curé de la paroisse, était à la sacristie; il allait se revêtir des ornements sacerdotaux, pour célébrer le Saint-Sacrifice; un intrus entre et s'en revêt lui-même. Monsieur le Curé monte en chaire et adresse les paroles suivantes à ses paroissiens : « Je n'opposerai point la « force à des ordres donnés par le Département; je vous « exhorte à souffrir patiemment l'insulte faite à votre « Pasteur. Mais j'espère qu'il me sera permis de dire ma « messe ailleurs. Ceux qui veulent entendre la messe de « l'intrus peuvent rester ici; je vais dire ma messe pour

« les autres. » A l'instant tous les paroissiens sortent et l'intrus reste seul.

Il est une chose digne de remarque, c'est que dans les temps de persécution, l'esprit de foi se montre d'une façon plus énergique. Dieu le permet ainsi, pensons-nous, pour que dès ce monde l'ivraie soit séparée du bon grain.

Ce fut surtout dans les départements de l'ouest, spécialement la Mayenne et le Finistère, que la persécution s'accentua dès le début. Un grand nombre de prêtres furent arrêtés, uniquement sur le refus qu'ils faisaient de prêter serment à la Constitution nouvelle; ils furent, après avoir subi les plus grands outrages, enfermés, entassés, devrions-nous dire, dans le couvent des Carmes à Brest.

Ainsi, par une gradation d'événements de plus en plus iniques, les révolutionnaires montraient aux Français qu'ils ne tendaient qu'à un seul but, anéantir la religion catholique, si cela eut été possible. Mais, inébranlable, elle ne pouvait succomber. Si pour un instant la lutte paraissait inégale, cela nous montre, une fois de plus, qu'à Dieu seul appartient la victoire, mais seulement aux instants marqués et voulus par la divine Providence.

On était au mois de novembre 1791, un nouveau serment était demandé aux prêtres. Cette fois-ci il s'agissait de promettre : *Fidélité à la nation, à la loi, au Roi, et de maintenir la Constitution française, décrétée par la première Assemblée* [1].

Nous le voyons, l'Assemblée législative avait succédé à l'Assemblée constituante; elle s'était réunie pour la première fois le 1er octobre 1791.

Tous les prêtres sans exception étaient appelés à prêter le *serment civique*, sous peine d'être :

---

[1] M. Barruel dans son ouvrage précédemment cité.

1° Déclarés incapables de toute fonction ecclésiastique et civile;

2° Privés de leur traitement ou de la pension qu'on leur avait faite, en échange de l'abandon de leurs bénéfices ou des revenus de leurs églises;

3° Réputés suspects de révolte contre la loi et de mauvaise intention contre la patrie;

4° Enfin, confinés dans la ville que chaque département assignerait pour leur exil ou leur prison.

Ce décret fut rendu le 29 novembre 1791 [1].

Si la lettre même de ce serment semble avoir quelque chose d'humanitaire, on s'aperçoit bien vite qu'il est dicté par la plus insigne mauvaise foi.

Aussi, les membres de l'épiscopat et du clergé poussèrent-ils un cri général de réprobation et déclarèrent-ils qu'ils ne tomberaient jamais dans le nouveau piège qui leur était tendu.

Le Roi le reconnut comme eux et refusa sa sanction à ce nouveau décret.

Au milieu des vexations de tout genre, on vit un nombre considérable de familles françaises quitter le sol de la patrie et chercher un asile sur la terre étrangère.

Dès les premiers mois de l'année 1792, de nouvelles mesures s'exécutèrent partout contre les prêtres. A Dijon, on en arrêta un grand nombre qui furent jetés dans une prison obscure et infecte. La plupart d'entre eux y seraient morts, si le geôlier ne leur eut permis de respirer de temps en temps à l'extérieur, du haut de la tour qui dominait le lieu de leur réclusion, qu'on pourrait comparer à une sépulture anticipée. A Angers, on vit réunis plus de trois cents prêtres, arrêtés par les agents de la persécution et contraints à quitter leurs paroisses. Dans cette ville, de généreux habitants se dis-

[1] M. Barruel, ouvrage déjà cité.

putaient l'honneur d'abriter sous leur toit les ministres du Seigneur, mais cela ne leur était pas toujours permis; la plupart de ces malheureux prêtres furent dépouillés de force de leurs vêtements et contraints à endosser ceux des gardes nationaux et autres fonctionnaires publics. On leur avait enlevé le peu d'argent qu'ils pouvaient avoir en leur possession, et souvent ils furent nourris aux frais de la charité publique, qui, loin de se lasser jamais, leur fit parvenir des matelas, des couvertures et autres objets de première nécessité. Mais, il ne leur était pas toujours loisible d'en profiter. On vit des matelas rester empilés plusieurs jours, pendant que les malheureux prêtres, parfois octogénaires, succombant aux privations de tout genre, n'avaient pour lits que les dalles humides des églises, qui bien souvent étaient transformées en prisons. Ils étaient entourés de gardes qui exerçaient sur eux une vigilance plus active que s'ils eussent eu affaire aux plus grands criminels. Mais ces généreux ministres du Seigneur se faisaient une gloire de souffrir au nom de leur Maître qui, lui aussi, et pour notre amour, a été traité comme le plus infâme criminel.

Ainsi, d'un bout de la France à l'autre, la persécution sévissait contre des hommes qui n'ont cessé de donner au monde l'exemple de toutes les vertus chrétiennes.

Dans les pays où règne l'idolâtrie, il ne faut pas aux missionnaires plus de précautions qu'il n'en fallait aux prêtres catholiques, en certaines contrées de la France, où ils n'étaient pas encore emprisonnés, pour entendre les confessions, porter le Saint-Viatique et procurer aux mourants les consolations du moment suprême. Le zèle avait besoin de se cacher, sous les déguisements les plus éloignés du costume ecclésiastique. Dans le diocèse du Mans, un curé consterné disait à son vicaire : « Ce mal-« heureux boulanger va mourir sans sacrements; il m'a « fait appeler, mais les gens apostés par l'intrus m'em-

« pêchent d'approcher. — Non, Monsieur le curé, répond « le vicaire, il ne mourra pas sans sacrements. » Sur ces mots, le vicaire s'habille en garçon boulanger, prend sur ses épaules un lourd sac de farine, passe à travers les *mouches* de l'intrus, et ne revient qu'en racontant avec quelle piété, quelle reconnaissance, le malade a reçu les Sacrements qu'il lui a portés [1].

Si nous multiplions les citations, c'est pour montrer l'esprit de foi existant dans nos populations rurales, malgré les efforts de la persécution qui, cependant, ne négligeait aucun moyen de le lui faire perdre; et le dévouement de ces saints prêtres qui bien souvent, pour remplir leur ministère, s'exposaient à une mort certaine. Ils devançaient en quelque sorte le moment de partir et de recevoir plus tôt la récompense promise au bon et fidèle serviteur.

Pendant que ces douloureux évènements se produisaient en province, Paris préparait une manifestation des plus violentes contre l'infortuné monarque, qui devait porter sa tête sur l'échafaud, comme s'il eût été personnellement coupable des fautes qu'on reprochait à ses ancêtres.

Le 20 juin 1792, le Palais des Tuileries se vit entouré de piques et de baïonnettes. Les révolutionnaires demandaient à grands cris la mort du Roi, qui échappa miraculeusement à cette troupe de forcenés; cette vile populace, osant porter sur la personne du Roi une main sacrilège, le coiffa d'un bonnet phrygien qu'elle substitua à sa couronne. Louis XVI fit preuve d'une fermeté et d'une présence d'esprit admirables. La Reine, que des officiers de sa maison, avaient enfermée dans une salle, où les brigands n'avaient pas encore pénétré, répondit ces paroles à jamais mémorables, à ceux qui l'engageaient à ne point

---

[1] M. Barruel, ouvrage précédemment cité.

sortir du refuge où elle était confinée : « Dans les dan« gers, ma place est auprès du Roi. » Madame Elisabeth, cet ange, ce modèle de toutes les vertus humaines et religieuses, se présentait courageusement aux injures et aux glaives de brigands effrénés, disant à ceux qui étaient auprès d'elle : « Ah, s'ils pouvaient me prendre pour la « Reine ! »

Cependant, les moments devenaient de plus en plus difficiles. Si le Roi avait échappé à la mort, il ne devait pas tarder d'entendre prononcer sa déchéance. Quelques mois plus tard il mourut en saint et en martyr, après avoir reçu les consolations d'un saint Prêtre, qui, l'accompagnant jusqu'à l'échafaud, lui adressa ces paroles que l'histoire nous a conservées : « Fils de saint Louis, « montez au Ciel ! »

IV

Mais, notre intention n'est point de retracer ici l'historique de la Révolution. Ceci a été fait par des plumes plus autorisées que la nôtre ; nous allons, en suivant quelques instants l'ouvrage de Monsieur Aimé Guillon, nous rendre un compte exact de l'état déplorable où était Paris, les jours qui précédèrent les massacres de Septembre, pendant lesquels notre glorieux martyr consomma son généreux sacrifice.

« Il était dit que le trône et l'autel s'écrouleraient le même jour ; aussi, celui où était décrété la déchéance du Roi, une liste des Evêques et des Prêtres non assermentés partait de l'Hôtel des municipes, pour être distribuée dans tous les quartiers de Paris ; avec ordre de s'assurer de la personne des Prêtres, de les enfermer dans l'église des Carmes ou celle de saint Firmin, désignées pour leurs Prisons.

Le 26 août, lorsque l'église des Carmes et celle de St-Firmin ne pouvaient presque plus contenir de détenus, on amena des prêtres insermentés de l'Abbaye et de la Force.

Le 31 août, le maire Péthion, formant avec Manuel et Tallien une députation municipale, dit à l'Assemblée législative, au nom de la Commune : « Nous avons fait arrêter les Prêtres perturbateurs, ils sont enfermés dans une maison particulière, sous peu de jours, le sol de la liberté sera purgé de leur présence. »

Le samedi 1er septembre, les rues et les places publiques furent encombrées d'émissaires de la Commune, qui ameutaient la populace, en désignant à sa fureur les prêtres, à qui principalement elle devait imputer l'approche de l'armée prussienne, et de toutes parts on ne parlait plus que de les massacrer.

Ce fut au travers de ces rumeurs sinistres que le comité de surveillance de la Commune fit conduire à la prison de l'Abbaye, environ vingt-et-un des prêtres détenus dans celle de la Mairie.

On les enferma dans le réfectoire des Religieux, près de la salle où siégeait le comité des quatre nations. Celui de surveillance de la Commune s'occupait, dans l'intervalle, avec une barbare activité, des préparatifs du massacre fixé au lendemain. Henriot, avec une bande de sicaires, était chargé d'exécuter le carnage aux Carmes ; ce malheureux était un scélérat ardent pour tous les crimes ; il servait volontiers toutes les factions, pourvu qu'il y eût un crime à commettre. Maillard, avec les siens, devait immoler les prisonniers de l'Abbaye ; celui-ci, n'était autre qu'un escroc, un chef de filous et de brigands. Il poussait l'audace jusqu'à se faire appeler *Tape dur.*

Comme on le voit, tout se préparait avec une barbare prévoyance. On cite une lettre qu'on prétend avoir été trouvée dans les papiers de Maillard, écrite par le Comité : « Il lui est recommandé de disposer sa bande d'une façon « utile et sûre, de s'armer partout d'assommoirs, de « prendre des précautions pour empêcher les cris des « mourants, de faire porter les coups sur la tête, d'expé- « dier promptement, de faire emplette de vinaigre pour « laver les endroits où l'on tuerait, de crainte d'infection, « de se pourvoir de balais de houx, pour faire disparaî- « tre le sang, de voitures pour transporter les cadavres, « de chaux même pour les consumer, de bien payer,

« et surtout d'avertir le Comité d'instant en instant de « ce qui se passerait. [1] »

Ce fut un véritable carnage. Au séminaire de St-Firmin, des quatre-vingt-onze prêtres qui y étaient enfermés, dix-sept purent seuls échapper au massacre.

Mais revenons au saint martyr, en l'honneur duquel nous avons entrepris de décrire le récit des tristes événements de 1790-1792, jusqu'à sa mort, qui eut lieu le 2 septembre de cette dernière année.

Nous l'avons dit, il avait établi sa demeure au Séminaire des Missions étrangères. En se livrant aux saints exercices de la piété, on ne peut douter qu'il ne suivît anxieusement les progrès de la terrible Révolution, qui n'a aucun précédent dans l'histoire.

« Vers la fin du mois d'août 1792, nous dit M. Barruel, les agents de la persécution contre les prêtres vinrent troubler sa paisible retraite, sous prétexte d'une perquisition à faire dans ses papiers. Une lettre qu'ils trouvèrent de l'abbé Maury, leur fut un motif suffisant pour l'arrêter. L'abbé Maury était comme lui député aux Etats Généraux; il était signalé aux révolutionnaires comme ayant plusieurs fois pris la parole dans l'Assemblée dont il faisait partie, soit pour avoir attaqué les décrets, soit pour avoir soutenu le Roi et la famille royale.

« L'abbé Bottex fut conduit à la prison de la Force. Il y conserva le calme d'une bonne conscience, mais il aurait préféré être arrêté formellement pour la cause de la religion plutôt que pour cette correspondance trop facile à justifier. « Je sais bien, disait-il avec regret, que « cette lettre est loin de rien contenir contre l'Etat; je

---

[1] M. Aimé Guillon : *Les martyrs de la foi pendant la Révolution française.*

« mourrai innocent de ce crime, mais je n'aurai pas le « bonheur de mourir pour la foi. »

« Il était trop digne du martyre pour que Dieu lui en refusât la gloire ; l'Assemblée législative venait de lui en fournir le moyen. Le 10 août 1792, elle avait demandé aux prêtres un troisième serment dont voici le texte : *Je jure de maintenir la liberté et l'égalité et de mourir même pour les défendre.*

« Dans un temps où l'on aurait eu une idée plus exacte de la liberté et de l'égalité, ce serment aurait moins embarrassé les consciences pures et timorées. (Nous avons dit que celle de l'abbé Bottex était ainsi.) Mais dans la situation où l'on se trouvait et avec l'intention bien connue de nos gouvernants, la question était plus difficile à résoudre. Partout les prêtres prisonniers avaient agité cette question. Ils se demandaient s'ils pouvaient le prêter, en admettant qu'on leur offrît la liberté à ce prix.

« Monsieur Bottex et Monsieur Flauts, curé des Maisons près Paris, eurent à ce sujet de longues conférences. Ce dernier penchait à le regarder comme licite. « Il ne « blesse aucun dogme, disait-il, nous pouvons le faire « sans être hérétiques, ni schismatiques. Il est vrai qu'il « n'est pas bien clair, et qu'il a un double sens : l'un « bon et l'autre mauvais. Nous pouvons le prêter dans le « sens qui est bon. Enfin, ce serment n'a pas été con- « damné; des hommes très vertueux l'ont fait ; nous pou- « vons donc le faire. »

Malgré tous ces raisonnements, il restait bien des doutes à l'abbé Bottex, en attendant que la question fût décidée par l'autorité ecclésiastique. Il partait de ce principe certain, qu'il vaut mieux s'exposer à la mort, que de prononcer un serment pour une chose douteuse ; que la crainte de prendre Dieu à témoin d'une promesse vague ou captieuse doit l'emporter sur les terreurs de la mort Il arguait également de ce principe incontestable, que le serment est toujours prêté suivant l'intention de la personne qui le demande, et non pas de celui qui est appelé à le prêter [1].

Bref, Monsieur Bottex, le considérant comme une dernière épreuve à laquelle Dieu mettait la fidélité de ses ministres, ne crut pas devoir le prêter [2].

---

[1] La question de ce serment n'a été tranchée nulle part d'une façon aussi concluante, que dans la réfutation d'un écrit de M. Duvoisin, par M. Fontaine, lazariste, un des directeurs du séminaire de Noyon.

D. Est-il permis de jurer le renversement de la religion et de l'autorité légitime, de s'unir par la foi du serment, à une société que l'on sait être celle de factieux et d'impies ; dans lesquels on reconnait encore le projet de détruire la Religion catholique ?

R. La Religion ne nous permet pas de maintenir de tout notre pouvoir, et au prix de notre vie, une révolte commencée avec l'intention de renverser le trône.

[2] M. Barruel : *Histoire du Clergé pendant la Révolution française.*

V

L'histoire de ces malheureux temps nous a conservé le nom de plusieurs saints prêtres qui furent les compagnons de captivité de l'abbé Bottex; comme lui, ils refusèrent de prêter le serment demandé; comme lui, ils eurent le bonheur de verser leur sang pour Jésus-Christ.

On cite Monsieur Etard, curé de Charonne; — Monsieur Bertrand, conseiller au Grand-Conseil, frère de l'ancien ministre de Louis XVI; — Monsieur Lagardette, Gascon d'origine, qui au moment des arrestations était un des vicaires de la paroisse de Saint-Gervais à Paris. Il fut arrêté vers le 10 août, c'est-à-dire quelques jours avant l'abbé Bottex. Au dire de Monsieur Aimé Guillon, il était très-bon poëte, et composa durant sa captivité un très-joli poème intitulé : *Le Pasteur dans les fers*. Il y célèbre le bonheur d'un ministre de Jésus-Christ, qui souffre pour son divin Maître; — Monsieur Lelivec, jésuite breton; celui-ci était le directeur de la princesse de Lamballe; âgé de soixante-douze ans, il offrit courageusement sa tête aux coups des assassins.

Lorsque M. Bottex parut devant les *Municipes*, Hébert et L'Huillier, qui s'étaient érigés en juges de l'affreux tribunal, il ne lui fut pas difficile de prouver que sa correspondance avec l'abbé Maury ne contenait aucun complot contre la nation; il était renvoyé absout, mais cette absolution devait être pour lui la plus difficile des épreuves.

Un témoin oculaire, on croit même un prêtre, M. Lapyze de la Panonie qui, grâce au dévouement d'un garde national, échappa miraculeusement au massacre, nous cite un trait d'un intérêt tout particulier; aussi nous n'avons pas cru pouvoir nous dispenser de le reproduire ici. Il dit avoir vu les massacres de ses confrères, caché qu'il était dans l'embrasure d'une fenêtre. Distinguant particulièrement un prêtre peu d'instants avant celui où il devait être immolé, et trouvant à sa physionomie une expression toute particulière de courage et de fermeté, il demande au garde national qui l'avait protégé, et qui le dissimulait en se tenant devant lui : « Quel est ce prêtre « qui marche si résolument à la mort ? — C'est M. Bottex, « député de Bresse, lui est-il répondu. [1] »

Cependant les généreux confesseurs de la foi ne songent plus dès lors qu'à se préparer à la mort. Ils récitent ensemble les prières des agonisants, s'exhortent à pardonner à leurs bourreaux, implorant en leur faveur la clémence divine, et se donnent réciproquement l'absolution.

Consultant l'ouvrage de Monseigneur Dépery, nous nous rendrons compte de la manière dont s'accomplissaient ces affreux massacres. Le prisonnier que les juges n'avaient point condamné, était d'abord saisi par quatre brigands; celui qui présidait aux massacres le conduisait et ordonnait au prisonnier de crier comme lui : Vive la nation ! Ils arrivaient ainsi jusqu'au guichet. Là, étaient les bourreaux, au nombre d'environ soixante cannibales ; ils formaient une haie prolongée, jusqu'à l'extrémité de la rue, fermée par un trophée de cadavres entassés les uns sur les autres.

« Si le prisonnier était condamné à mort, le mot du guet était : *A l'Abbaye*. Dès qu'il avait franchi le seuil de la porte, les bourreaux à massue l'étourdissaient, les sabres et les piques l'achevaient. S'il n'était pas tombé sous les

---

[1] Tradition du Séminaire des Missions étrangères.

premiers coups, il ne pouvait fuir qu'en suivant cette route fatale, tracée par une double haie de bourreaux et fermée par des cadavres.

« Quand le chef des bandits devait annoncer la grâce, il paraissait le premier au guichet, tenant son sabre levé et son chapeau sur la pointe du sabre ; il répétait le cri de : Vive la nation, et il ajoutait : *Grâce au bon Citoyen.* La double haie, ainsi que la populace qui abondait à cet affreux spectacle, dans la rue, aux croisées et jusque sur les toits, faisaient retentir le même cri. Le prisonnier toujours précédé du Marseillais, arrivait près des morts entassés en trophée à l'extrémité de la rue. Là, il était lâché par ses gardes. Le Marseillais, posté devant lui, et étendant la main sur le triste trophée, répétait le serment de la liberté et de l'égalité. Il se faisait un grand silence. Si le prisonnier répétait le serment, les derniers bourreaux lui ouvraient le passage, et il était libre. S'il refusait de le prononcer, ou se taisait, ceux même qui l'avaient amené, l'immolaient à l'instant ; et son corps couronnait le trophée.

« Arrivé à la fatale barrière, le curé Bottex se vit entouré de meurtriers, qui, les mains teintes de sang et environnés de cadavres qu'ils foulaient aux pieds, lui redemandaient le fameux serment, lui offrant la liberté à ce prix. Sans être effrayé par l'affreux spectacle qui s'offre à ses yeux, le généreux ministre du Seigneur, sans plainte, sans remontrance, sans exaltation, ni ostentation, préférant la mort au doute même d'être souillé par un serment illicite, refuse une dernière fois de le prononcer. Il est égorgé sur le champ, et va recevoir dans le Ciel la récompense d'une vie tout entière consacrée aux bonnes œuvres » [1].

Il avait quarante-trois ans, moins quelques mois.

[1] Monseigneur Dépery.

« Parmi le grand nombre de victimes égorgées les 2, 3, 4, 5 septembre 1792, et dont on ne voit absolument que les noms de familles sur le registre de l'état civil, copie d'une liste donnée plus tard par le citoyen Bault concierge, et attestée par le citoyen Huyet, gardien de la prison, nous avons pu reconnaître les noms de plusieurs Prêtres, comme les ayant *vu mourir uniquement pour cause de religion*. Ce sont : Messieurs Bottex, Jean-Baptiste ; Lagardette, Marie-François ; Lelivec, Hyacinthe [1]. »

Combien cette attestation nous a été précieuse et combien nous sommes heureux de la reproduire ici !

« L'auteur de l'Histoire particulière des tristes et mémorables journées de septembre 1792, nous dit que les cadavres enlevés des différentes prisons furent jetés en des excavations préparées exprès, hors les barrières St-Jacques, à Clamart, à Mont-Rouge, à Charenton, aux carrières de Ménil-Montant et dans un puits de carrière qui, précédemment comblé, avait été rouvert dès le 28 du mois précédent, par ordre de Péthion et de Manuel, venus sur les lieux pour le reconnaître.

« L'inspecteur général actuel des carrières des environs de Paris affirmait que depuis 1807 ces catacombes avaient un entourage de maçonnerie semblable à un *puits de service* de carrière, et que c'est là que gisent, entassés pèle-mêle, les victimes de 1792 [2]. »

Après toutes les citations que nous venons de faire, il est manifeste que les auteurs de la *Biographie des Contemporains* ont été induits en erreur dans leur récit sur Monsieur Jean-Baptiste Bottex.

---

[1] M. Aimé Guillon : *Les Martyrs de la foi pendant la Révolution française*.

[2] M. Aimé Guillon, dans son ouvrage précédemment cité.

VI

Pour vous, ô glorieux martyr, en l'honneur duquel sont consacrées ces lignes, et qui jouissez dans le ciel du bonheur réservé aux élus du Seigneur, accordez à la paroisse qui vous vit naître et qui eut ensuite l'insigne faveur de vous avoir pour pasteur, d'être toujours dirigée par des prêtres selon le cœur de Dieu.

Que ceux qui vous sont unis par les liens du sang et qui combattent encore sur la terre, marchent courageusement sur vos traces et restent inébranlablement attachés à Dieu et à la vérité !

Bourg, Imp. Villefranche. — 338-86.

www.ingramcontent.com/pod-product-compliance
Ingram Content Group UK Ltd.
Pitfield, Milton Keynes, MK11 3LW, UK
UKHW021032260726
13994UKWH00005B/2105